UN LIBRO DORLING KINDERSLEY
www. dk. com

Edición Jane Yorke
Dirección editorial Mary Atkinson
Dirección artística Chris Scollen
Diseñadora Mary Sandberg
Diseño por computadora Phil Keeble
Producción Josie Alabaster
Investigación fotográfica Jamie Robinson
y Lee Thompson
Traducción Susana del Moral Zavariz

Publicado originalmente en inglés por
Dorling Kindersley Ltd., 9 Henrietta Street,
Londres WC2E 8PS
Título original en inglés: *Day/Night*

2 4 6 8 10 9 7 5 3 1

© 1999 Dorling Kindersley Ltd., Londres
© de la idea y el texto por Claire Llewellyn

Editado en México, en 1999, por
Casa Autrey, S.A. de C.V., División Publicaciones,
Av. Taxqueña 1798, Col. Paseos de Taxqueña,
C.P. 04250, México, D.F.
Tel: 624-0100 Fax: 624-0190

Reproducción de color por Colourscan, Singapur
Impreso y encuadernado en Italia por L.E.G.O.

ISBN 970-656-281-8

Contenido

Índice del día

EL DÍA

Explora el mundo a la luz del Sol

Claire Llewellyn

Autrey

Casa Autrey
División Publicaciones

La mañana es el inicio de un nuevo día.

Luz de la mañana
Cada mañana el Sol aparece en el cielo. Brilla sobre las activas ciudades y los campos tranquilos.

El despertador
Muchas aves y otros animales despiertan al amanecer, como los ruidosos gallos que comienzan a cantar.

La tarde
Durante la tarde las sombras se alargan, cuando el Sol se oculta lentamente.

Algo de día
Cuando es de día en Moscú, es de noche en Nueva York.

Algo de noche
Cuando es de noche en Moscú, es de día en Nueva York.

El cielo se ilumina por la mañana.

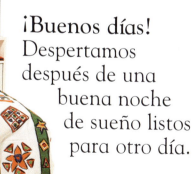

¡Buenos días!
Despertamos después de una buena noche de sueño listos para otro día.

La energía del Sol da vida a la Tierra.

Flores que adoran al Sol
Las plantas necesitan de la luz del Sol para crecer. Un girasol mueve lentamente su flor para que la luz le dé siempre de frente.

Hojas iluminadas por el Sol.

El poder del Sol
Las plantas crecen mejor en lugares con luz fuerte y mucha lluvia.

Algo de día
En el día, una abeja se alimenta del néctar de las flores. Lo que la atrae es el color.

Algo de noche
En la noche, un murciélago bebe el néctar de las flores. Lo que lo atrae es el aroma.

Hojas
Las hojas verdes usan la luz del Sol, el aire y el agua para producir el alimento de la planta.

Alimento para la vida
Muchos animales se alimentan de la comida almacenada en las plantas.

7

Los animales **diurnos** usan los **ojos** para evitar el **peligro.**

El pico largo de esta ave le ayuda a alcanzar la fruta madura.

Ojo espía
Un tucán se alimenta durante el día. Necesita mucha luz para ver en la selva tropical.

¡No puedes verme!

Durante el día es fácil atrapar animales. Este sapo usa camuflaje para esconderse.

Algo de día
Los perros están activos durante el día. Es entonces cuando les gusta jugar.

Algo de noche
Los gatos son animales nocturnos. Les gusta cazar de noche.

Vigilantes del peligro

Un impala tiene los ojos a los lados de la cabeza. Toda la manada se mantiene atenta para descubrir a los leones hambrientos.

Baño de sol

Las lagartijas necesitan la luz del sol para moverse. El frío las hace lentas y torpes.

La gente **activa** suele trabajar, relajarse y **divertirse** durante el día.

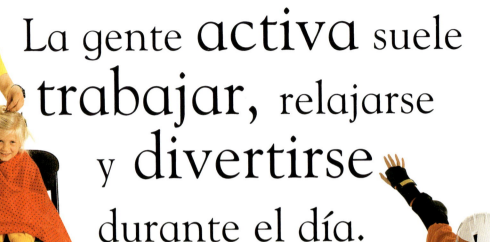

Un estilista

Una oficinista

Un día de trabajo
La mayor parte de la gente trabaja durante el día. Trabajan para ganar dinero para comprar comida, ropa y tener un hogar.

Deporte y diversión
No sólo se trabaja durante el día. También se hacen deportes, que además de ser divertidos, nos mantienen saludables.

Algo de día
En el día las calles están llenas. Es cuando más conductores usan sus autos.

Algo de noche
Por las noches las calles están vacías. Es el mejor momento para repararlas.

Tres comidas al día
La hora de comer es una oportunidad de relajarse, charlar y disfrutar de los alimentos.

A la escuela
Durante la semana los niños van a la escuela. Ahí aprenden y juegan con sus amigos.

Sol y sombra
Tu sombra te
sigue durante los
días soleados,
pero desaparece
por la noche.

Alborada
Con los primeros rayos
del Sol, las plantas
comienzan a producir
su alimento.

Cre

Mañana

Tarde

Coro matutino
Las aves cantan dulcemente al amanecer, para advertir a sus rivales que deben alejarse.

Bocadillos de mediodía
Durante tu vida probablemente disfrutarás de más de 25,000 almuerzos.

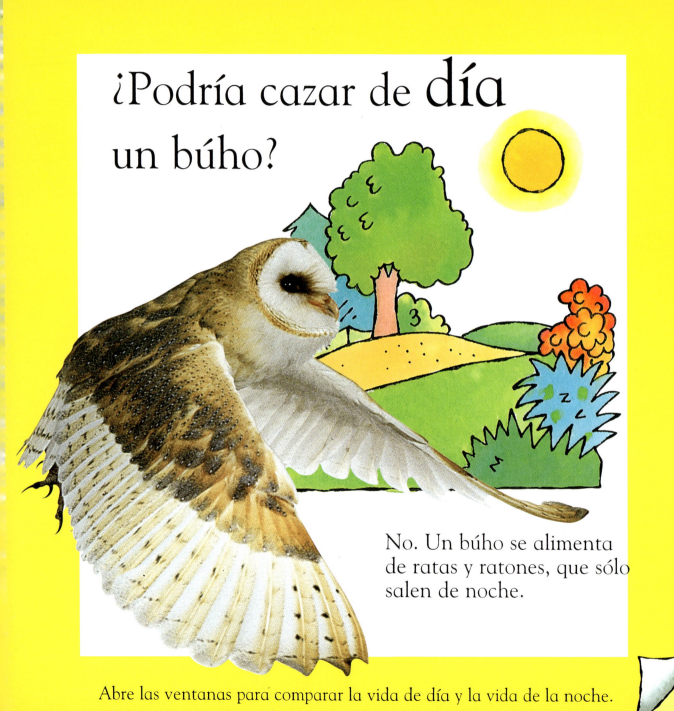

¿Podría cazar de día un búho?

No. Un búho se alimenta de ratas y ratones, que sólo salen de noche.

Abre las ventanas para comparar la vida de día y la vida de la noche.